AF253804

L'INVASION A SALINS.

Récit Historique.

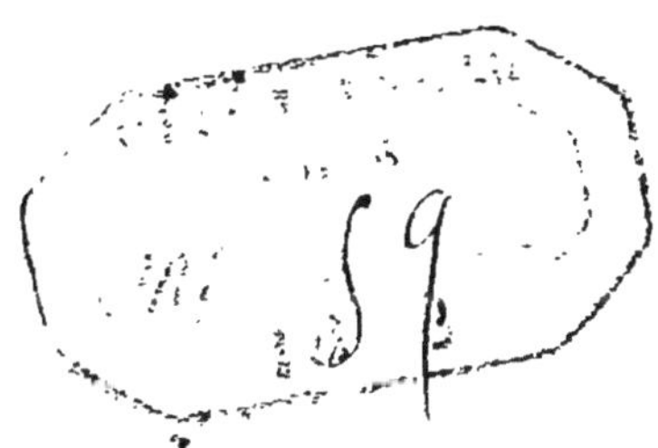

J. BRICHARD.

L'INVASION A SALINS.

Récit Historique.

SALINS

IMPRIMERIE, LITHOGRAPHIE & LIBRAIRIE BILLET

77, GRAND'RUE DU BOURG-DESSUS, 77

1872.

I.

Les événements dont nous donnons le récit, ont passé inaperçus au milieu des catastrophes de nos dernières luttes ; le cadre restreint dans lequel ils se sont produits leur ôtait d'ailleurs une importance que nous n'avons jamais eu l'intention d'exagérer. En cherchant à les préserver de l'oubli, nous éviterons même d'en tirer une vanité qui, certainement, serait inconciliable avec nos malheurs, et notre but sera plutôt de signaler les fautes qui ont pu être commises, afin de les éviter, au cas où nous nous trouverions mêlés de nouveau à des événements analogues, ce qui est malheureusement encore dans le domaine des choses possibles.

Nous n'avons pas la prétention de croire, ni même d'espérer que nos appréciations, quoique très-modérées, contenteront tout le monde ; avant tout, et sans trop nous préoccuper des vanités froissées, nous avons tenu à présenter sous leur véritable physionomie des faits intéressants. Sans doute, nous aurions préféré n'avoir à enregistrer que des actions glorieuses et toujours conformes aux plus pures traditions du patriotisme ; mais, outre que des situations semblables ne se rencontrent jamais, malgré les affirmations de l'histoire, nous croyons que les résultats obtenus à Salins sont de nature à consoler ceux qui attacheraient une trop grande importance aux ombres du tableau. D'ailleurs, nous ne jugeons que les institutions et les actes, sans même nommer les personnes.

II.

En ce temps-là les communes étaient administrées par des commissions municipales instituées en vue de la défense nationale ; créées à l'image de la dictature qui fonctionnait, et nommées par des proconsuls départementaux, ces commissions auraient suffi à leur tâche si elles avaient été partout composées d'hommes réunissant l'entente des affaires et le courage civique ; dans tous les cas, leur rôle devait se borner à diriger l'esprit public et à seconder l'action de l'autorité militaire. Mais à Salins, comme dans beaucoup d'autres villes, les citoyens qui composaient la commission municipale avaient fini par s'ériger en une espèce de Comité de salut public, fonctionnant non-seulement au point de vue administratif, mais se réservant encore l'initiative des mesures de défense et ne négligeant aucune occasion pour affirmer la *prédominance de l'élément civil* sur l'élément militaire, suivant l'expression consacrée.

De plus, en vertu des principes professés dans des sphères plus élevées, l'esprit de parti venait encore exclure des éléments précieux, et tenait à l'écart des personnalités dont les talents éprouvés ne pouvaient trouver grâce devant un républicanisme ombrageux. Ainsi, nous pourrions citer tel honorable officier supérieur en retraite qui, sentant son action entravée parce qu'il n'avait pas donné à la démocratie des *gages sérieux,* était moralement obligé de quitter le commandement de la garde nationale; nous rappellerons encore que le poste très-important de capitaine adjudant-major est resté vacant, parce que l'officier que ses capacités et sa bravoure désignaient comme candidat, *n'avait pas combattu les tyrans* et n'avait jamais été proscrit.

Mais alors, ces prétentions au monopole du patriotisme auraient dû être justifiées par des talents réels et une fermeté inébranlable ; aucune défaillance n'aurait dû se produire au moment de l'orage ; il aurait fallu surtout s'abstenir d'agir dans le sens de la faiblesse sur l'élément militaire jusqu'alors méconnu et dédaigné.

Nous ne sommes pas de ceux qui reprochent à la municipalité d'avoir négligé telles ou telles mesures défensives qui, dans l'esprit des critiques, devaient sauver Salins ; nous croyons au contraire que, dans les conditions où elle se produisait, son initiative ne pouvait engendrer que des mesures impuissantes, et que seule l'action des forts pouvait être décisive. La municipalité n'avait qu'à se contenter de sa mission administrative ; à chacun son rôle spécial, même quand nous sommes vaincus. Nous avons payé assez cher la mise en pratique du credo de 1792 ; nous avons dû reconnaître à nos dépens que le patriotisme sans l'organisation est insuffisant, et que ce n'est plus dans les mesures révolutionnaires que nous devons espérer notre salut contre une invasion.

III.

Les événements se précipitaient. L'armée de

Bourbaki s'était laissée devancer par l'armée prussienne de Verder, dont elle n'atteignit que l'arrière-garde à Villersexel. Dès ce moment, les hommes expérimentés qui ne se laissaient pas éblouir par des bulletins trompeurs, purent déclarer que l'expédition était manquée et que l'armée de l'Est était compromise : l'ennemi avait une avance suffisante pour se fortifier avec du gros calibre, et le choc infructueux d'Héricourt était prévu.

Le 21 janvier, le télégraphe de Salins annonçait que Dole ne répondait plus ; Dole était pris. Le soir du même jour, le clairon rappelait les gardes nationaux de Salins dont une compagnie était dirigée sur Mouchard. Pourquoi faire ? Nous ne l'avons jamais compris ; mais telle était la confusion qui régnait dans la direction de la défense, que 400 mobilisés ou gardes nationaux étaient chargés de défendre la gare de Mouchard, lorsqu'il était à prévoir que l'ennemi occuperait ce point stratégique avec au moins 12,000 hommes.

Le lendemain 22, une agitation extrême régnait dans Salins. Le colonel d'état-major Reynaud, chargé d'une mission par le général Bourbaki, était arrivé à une heure du matin ; il exhiba ses pouvoirs et annonça que l'armée de l'Est, en retraite et serrée de près par l'ennemi, cherchait à gagner les hauts

1*

plateaux, et que probablement deux divisions passeraient par Salins.

Dans la même journée, un Intendant militaire, dont nous tairons le nom, descendit à l'hôtel des Messageries : ce haut fonctionnaire avait abandonné son poste, et pendant que son corps d'armée restait sans vivres à Quingey, il se dirigeait sur Bordeaux pour y recevoir sans doute une récompense justement méritée; des officiers supérieurs, disait-il, achetaient des effets bourgeois pour passer en Suisse et l'armée se débandait.

IV.

Le désastre apparaissait dans toute son étendue. L'inaction de Garibaldi s'immobilisant dans Dijon, avait permis à l'armée allemande de s'emparer successivement et sans combat, des gares de Dole et de Mouchard ; et, par cela même, de couper d'une manière absolue les communications de l'armée française. La France payait ainsi par une calamité nouvelle l'illégalité qui avait été commise en confiant un commandement important à un étranger prétentieux et incapable (1). De plus, une autre faute avait été commise : les 10,000 mobilisés du Jura avaient été dirigés sur Saône-et-Loire, pour couvrir Lyon , pendant que le Midi gardait ses contingents ; et le Jura, privé de ses défenseurs naturels, voyait les têtes de colonnes de l'armée ennemie se présenter à l'entrée de ses défilés.

Une attaque sur Salins était imminente, et la garnison ne se composait que de la batterie d'artillerie de la garde mobile et des mobilisés de St-Claude.

Le commandement de la place était exercé par M. le capitaine Guillerault, commandant titulaire.

M. Fouleux, chef d'escadron d'artillerie, prit le commandement du fort-St-André.

Enfin le commandement du fort Belin fut donné à M. Brichard, capitaine d'artillerie commandant la batterie de la garde mobile du département.

V.

Le 23 et le 24 janvier, des groupes débandés de l'armée de Bourbaki arrivaient à Salins et étaient

---

(1) La nomination de Garibaldi au commandement en chef de l'armée des Vosges était une violation directe du grand principe national proclamé par les Etats-Généraux de Blois : *qu'un étranger ne peut pas commander des troupes françaises.*

recueillis par le commandant de place. Les forts purent ainsi disposer de garnisons respectables par le nombre, mais composées de soldats affamés, déguenillés et démoralisés. Des distributions extraordinaires de vivres furent ordonnées par les commandants des forts; le service de la défense fut organisé et les travaux furent continués, en attendant l'ennemi qui ne devait pas tarder à se présenter.

Le 25, l'élément civil éprouva le besoin d'affirmer sa prédominance ; mais c'était le chant du cygne, et le choc des événements devait bientôt lui enlever une initiative trop pesante pour ses mains débiles; dans une délibération de la Commission municipale, la pièce suivante fut discutée, rédigée, et adressée au commandant du fort St-André :

« Il y a lieu de faire *signifier* immédiatement à
« M. le commandant des forts, que toutes les troupes
« armées, excepté celles de l'artillerie, qui se trou-
« vent en ce moment concentrées dans les forts,
« doivent être renvoyées *à l'instant sous les ordres*
« *du commandant de la garde nationale de Salins*
« pour la défense de la ville. Par son refus, le com-
« mandant se verrait attribuer, et *avec raison,* toutes
« les conséquences d'une défense faite et continuée
« avec des forces insuffisantes, etc., etc. »

Mais, citoyens municipaux, que faisiez-vous donc

alors de la hiérarchie établie par les lois sur l'état de guerre ?

Le même jour, une reconnaissance militaire prussienne s'avança jusqu'au faubourg St-Pierre ; elle fut attaquée par les gardes nationaux ; alors elle rétrograda pour rendre compte de sa mission. Cette reconnaissance annonçait évidemment une attaque pour le lendemain.

VI.

Avant d'aller plus loin, nous devons examiner la signification stratégique du combat qui allait s'engager, et déterminer le but de l'ennemi en attaquant Salins.

Salins est une ville ouverte n'ayant d'autre importance stratégique que sa position sur la grande route de Dijon à Genève ; or, le but des Prussiens était de forcer le passage, pour se porter avec plus de rapidité sur le flanc de l'armée française qui cherchait à gagner Lyon.

Mais le passage par Salins est défendu par deux forts placés de chaque côté de la route ; là se borne la mission de ces deux forts, et dans la combinaison des opérations militaires de leurs commandants, l'agglomération qui porte le nom de ville de Salins, ne peut jouer qu'un rôle secondaire, sans pouvoir prétendre à une protection autre que celle qu'un chef français doit nécessairement donner aux propriétés des nationaux. Ces propriétés peuvent même, dans un intérêt national, être sacrifiées et détruites.

Salins, ville ouverte, ne pouvait être l'objet d'une capitulation : une capitulation s'applique à une place de guerre, et se signe de commandant militaire à commandant militaire. Lorsque par une convention semblable, certains avantages sont garantis à une ville qui vient de succomber, c'est encore l'autorité militaire qui les stipule, et l'autorité municipale n'intervient que pour recevoir la garantie de ces avantages, et exécuter les ordres du vainqueur.

C'est donc à tort que nos administrateurs ont prétendu, dans plusieurs occasions, être liés par une capitulation conclue le 26 janvier; les droits de l'ennemi cessaient par sa retraite, et la ville redevenait, non pas *neutre,* comme on a affecté de le dire, mais *française.* C'est d'ailleurs ce que l'état-major prussien a parfaitement compris, car il ne s'est jamais prévalu de cette soi-disant capitulation.

VII.

Le 26 janvier, à 9 heures du matin, de fortes colonnes prussiennes se présentèrent sur la route de Mouchard, se dirigeant vers Salins ; accueillies par l'artillerie du fort St-André, elles continuèrent néanmoins leur marche en colonne jusque dans la gorge d'Arelle ; mais là elles arrivaient à découvert sous le feu du fort Belin, dont les canons, opérant dans le prolongement de la route, et à une distance de 2,500 mètres, obtenaient un tir se rapprochant de l'horizontale, et par suite extrêmement meurtrier.

L'ennemi repoussé plusieurs fois par ce feu, se reforma dans l'encaissement de la Furieuse, à l'abri des forts, et changea de tactique. Pour échapper à l'action de l'artillerie des forts, il fractionna ses têtes de colonnes, et les fit défiler par petits groupes et même par soldats isolés jusqu'à la maison Raton, vaste construction à l'usage de tannerie. Ils étaient d'ailleurs favorisés dans cette opération par un terrain très-accidenté.

La maison Raton, bourrée de Prussiens, fut immédiatement bombardée par le fort Belin, dont les projectiles atteignaient encore la suite des colonnes réfugiées dans le lit de la Furieuse, tandis que les bombes du fort St-André les prenaient d'écharpe, dans une échancrure fortement encaissée.

La position de l'ennemi était critique : il fallait avancer, mais en avançant il se découvrait de plus en plus et tombait sous le feu des troupes françaises échelonnées dans les vignes ; il s'agissait de gagner d'autres maisons et d'en faire de nouveaux relais. Les Prussiens continuèrent leur mouvement de la même manière, mais ils furent immédiatement attaqués par la garde nationale de Salins et par des détachements de mobiles, mobilisés et soldats de l'armée de Bourbaki, arrivés la veille. Le combat devint sérieux et fut même très-vif.

L'ennemi continuait la même tacticque, et ses états-majors occupaient successivement la maison Gouhénans et la maison Riffieux ; ces deux maisons furent bombardées par le fort Belin; la dernière surtout fut saccagée par les obus, pendant que le fort St-André, qui ne pouvait faire usage de ses canons dans un tir trop plongeant, dirigeait de ses créneaux une fusillade efficace et nourrie.

Nos troupes, trop inférieures en nombre, reculaient lentement devant des masses qui se succédaient et se renouvelaient ; elles étaient d'ailleurs menacées par un mouvement tournant que l'ennemi exécutait du côté de Touvent. La retraite fut sonnée et les défenseurs se concentrèrent sur la Barbarine, où se livra un dernier combat qui fut meurtrier des deux côtés.

A deux heures après midi, les premières colonnes ennemies pénétrèrent dans Salins ; les forts cessèrent leur feu devenu pour le moment sans objet, les gardes nationaux rentrèrent dans leurs foyers et les troupes se replièrent sur les forts.

VIII.

Jusqu'alors il n'y avait eu qu'un fait militaire assez ordinaire, et dans l'esprit d'une partie de la population tont devait être terminé ; les forts n'avaient plus qu'à se rendre, disaient-ils, puisque la ville avait *capitulé ;* mais c'est précisément à partir de ce moment que se sont déroulées les péripéties les plus émouvantes et les plus instructives.

Dans l'enlèvement de vive force d'une position ; dans la prise d'assaut d'une ville, il existe un moment critique et dangereux : c'est celui où les vainqueurs, lancés sur l'obstacle, échappent à l'action de la discipline et ne sont plus contenus par leurs officiers ; alors ils sont capables des plus grands excès, et souvent l'incendie et le meurtre forment le dernier acte du drame. Salins se trouvait précisément dans cette position, et le commandant du fort Belin, quoique bien résolu à continuer le feu, jugea convenable de laisser à la discipline le temps de reprendre ses droits ; d'ailleurs, la phase nouvelle dans laquelle entraient les opérations, nécessitait des travaux et des changements de direction qui furent immédiatement commencés.

Le général prussien se rendit à l'Hôtel-de-Ville, où se trouvait rassemblée la commission municipale ; il ne se faisait pas d'illusions, il commençait à comprendre qu'il lui serait difficile de se maintenir dans la ville et que, tant que les forts ne seraient pas en sa possession, le passage continuerait à lui être interdit. Aussi ce fut avec une mauvaise humeur visible qu'il demanda des notables pour accompagner ses parlementaires et leur donner accès auprès des commandants des forts ; et, après avoir soigneusement nettoyé la caisse municipale, il fit en allemand une allocution à ses troupes, leur recommandant de respecter les personnes et les propriétés.

IX.

Extrait du rapport du Commandant du fort Belin déposé aux archives de la mairie de Salins.

. . . .

« A 2 heures de l'après-midi, la municipalité de Salins arborait sur l'Hôtel-de-Ville le drapeau parlementaire, et pour distinguer l'action des forts de celle de la ville, j'arborais immédiatement sur le fort Belin le drapeau national.

« A 3 heures de l'après-midi se sont présentés à l'entrée du fort MM. Bérard et Laroue, adjoints de la municipalité de Salins, lesquels conduisant un officier allemand, et porteurs du drapeau parlementaire, ont demandé à parler au commandant du fort.

« M. Bérard m'a adressé les paroles suivantes :
« Commandant, la garde nationale de Salins a cessé
« la lutte faute de munitions et l'armée allemande a
« pénétré dans la ville, nous avons demandé à capi-
« tuler ; le commandant de la colonne allemande
« exige comme première condition la reddition des
« deux forts, sous peine de traiter la ville avec la
« dernière rigueur. Nous venons vous prier de nous
« éviter de grandes calamités en consentant à entrer

« en pourparlers avec le colonel prussien pour ar-
« river à la reddition du fort Belin dont vous avez le
« commandement. »

« J'ai répondu : « Monsieur l'adjoint, en faisant
« cette démarche vous obéissez à votre conscience
« d'administrateur, mais l'honneur militaire et les
« intérêts de la défense nationale m'imposent des
« devoirs indépendants des vôtres. Vous pouvez
« donc dire au commandant de la brigade allemande
« que le capitaine Brichard, citoyen de Salins, ne
« rendra pas le fort Belin et que toutes démarches
« tendant à ce but seraient inutiles. Quant à la me-
« nace que vous me transmettez au sujet des cala-
« mités qui pourraient atteindre la ville de Salins
« par suite de mon refus, veuillez dire à mon adver-
« saire que non-seulement je n'y crois pas, parce
« que des violences envers une ville ouverte seraient
« contraires aux règles du droit des gens, mais en-
« core que je place sous la sauvegarde de sa loyauté
« militaire l'honneur de ma maison et la sûreté des
« personnes de ma famille que j'ai laissées à Salins. »

« Je cherchais par ce langage à convaincre l'ennemi que *l'action des forts étant indépendante des
volontés de la ville,* l'incendie et le bombardement
que l'on me faisait entrevoir constitueraient des
actes de vengeance inutiles, et que les commandants

des forts seraient inaccessibles à ce genre d'intimidation.

« C'était là une question délicate : la position était pleine de périls; j'avais la résolution de continuer le feu sur les colonnes ennemies pour leur rendre impraticable le passage par Salins et il était à craindre qu'attaqué dans la ville, l'ennemi n'y mit le feu pour se venger. Ceci explique la modération relative de mon attitude au moment de l'entrée en ville d'une forte colonne ennemie venant par la route de Saizenay.

« Mon attention était d'ailleurs attirée sur un autre point ; des officiers ennemis armés de longues-vues avaient paru sur Corne-à-Bœuf et des groupes se présentaient par le plateau de Clucy ; d'autres grouillaient dans les rochers. Je devais être attaqué directement de ce côté-là : je fis immédiatement retourner ma pièce rayée dans cette direction; je renforçai le poste de Grelimbach et je fis occuper et créneler la ferme dite la loge Vieille par un détachement de 26 hommes du 53e de ligne commandés par un officier; je préparai des boites à mitraille et je fis garnir les banquettes de tirailleurs.

« Il était temps : une colonne d'environ 160 à 180 hommes se présentait jusqu'à la contrescarpe du pont-levis de Grelimbach, précédée d'officiers agitant des mouchoirs blancs à la main.

« Mais le piège était trop grossier, et un feu de chassepots commandé de la banquette où je me trouvais en observation, faisait justice de cette tentative de surprise.

« La fusillade s'engageait en même temps de part et d'autre avec les postes de Grelimbach et de la loge Vieille, et au bout de quelques instants, l'ennemi disparaissait emportant morts et blessés,

« Immédiatement après, je commandais le feu sur les colonnes ennemies qui passaient sur la place Aubarède et sur la levée de la scierie Pernet. »

. . . .

X.

Pendant que ces événements se passaient au fort Belin, un autre parlementaire, également conduit par deux membres de la commission municipale, se présentait au fort St-André, et faisait la même sommation au commandant Fouleux ; inutile de dire que cette sommation fut accueillie par un refus bien accentué ; mais l'antienne de la capitulation fut chantée sur un autre ton :

Le discours de **M.** Bérard au fort Belin ne manquait pas d'une certaine dignité triste ; mais au fort St-André un des notables se permit des sollicitations indiscrètes. Il est fâcheux que, dans des circonstances où tous les faits tombent nécessairement dans l'histoire, la réputation d'une ville se trouve ainsi compromise par ceux-là mêmes qui avaient pour mission de la sauvegarder.

XI.

Dans la soirée et dans la nuit, l'attitude de la population fut digne et convenable ; aucune défaillance ne se produisit. De leur côté, les Prussiens, parfaitement disciplinés, ne se livrèrent à d'autres excès qu'à ceux de leur gloutonnerie habituelle, et, sauf de très-rares exceptions, ils respectèrent les personnes et les propriétés, suivant la recommandation de leur chef.

Leur inquiétude se manifestait d'ailleurs par des précautions excessives : les décharges du fort Belin sur les places publiques, n'avaient cessé qu'àla nuit et pouvaient recommencer ; pour s'en garantir, ils barricadaient avec des matelas les fenêtres qu'ils occupaient et qui se trouvaient menacées. L'état-major qui avait des observateurs sur les hauteurs, était informé que des travaux s'exécutaient dans les forts, ce qui présageait pour le lendemain un deuxième acte au drame qui se jouait. Le général prussien avouait qu'il était engagé dans une mauvaise affaire ; il avait relevé ses cadavres, il en connaissait le nombre. Quand même, au prix de pertes énormes, il parviendrait avec sa colonne sur le plateau, ce mouvement serait sans profit pour l'armée allemande, qui attendait, et qui serait obligée de passer par les mêmes épreuves. Dans ces conditions le passage devenait impossible et il fallait se résoudre à rétrograder.

XII.

Le 27 à 4 heures du matin, le mouvement de retraite fut ordonné. Il est assez difficile de rassembler pendant la nuit 8,000 hommes logés chez l'habitant, et nous pensons involontairement à l'orgie de tambours et de clairons qui auraient été employés dans une circonstance analogue par des troupes françaises. — Tout se passa silencieusement, et, au petit jour, il ne restait qu'une colonne de 1,500 hommes dans les faubourgs.

L'attaque exécutée sur le fort Belin n'était qu'une reconnaissance militaire ; le commandant du fort ne s'y trompait pas, et dans la prévision d'un assaut exécuté par de grandes masses, il disposa ses canons pour recevoir l'ennemi, sans négliger ce qui se passait du côté de la ville.

Tout était prêt ; mais pendant la nuit un épais brouillard dissimula les mouvements de l'ennemi, et ce fut avec un étonnement mêlé d'un certain regret qu'au jour le commandant du fort constata que les Prussiens déménageaient. Ordre fut donné à la redoute du Bas-Belin de commencer le feu sur les dernières colonnes ; pendant ce temps, le commandant du fort dirigeait lui-même un feu violent sur une colonne de cavalerie qui se rassemblait au faubourg Champtave.

Alors, on put reconnaître les effets d'une discipline inflexible : nul désordre ne se produisit parmi ces cavaliers, et au commandement de leur chef, fait à demi-voix, tous mirent pied à terre ; les hommes renversés par le feu furent jetés dans des charriots, et les cavaliers, se couvrant de leurs chevaux tenus en bride, défilèrent en rasant les murs, sous les feux du fort et de la redoute.

Les canons des deux forts mêlaient leur voix à ce concert, et faisaient une conduite ponctuée d'obus aux colonnes qui disparaissaient derrière la Barbarine et sur la route de Mouchard.

Salins était délivré, après n'avoir été souillé par l'invasion que pendant quelques heures.

XIII.

Les imprécations et les menaces proférées par les Prussiens, dans leur fuite précipitée à travers les rues de la ville, sous les décharges du fort Belin, avaient fortement ému les habitants. Cette même population qui, la veille, avait fait preuve d'un si grand patriotisme, se laissa gagner par une inquiétude mal justifiée ; la retraite de l'ennemi l'effrayait. Certainement, à ce moment, il eût suffi d'une proclamation de la municipalité pour ramener le calme et rassurer les esprits : Les foules ont besoin d'être dirigées ; on ne peut pas exiger de l'universalité des citoyens des vertus civiques qui sont l'apanage des caractères fortement trempés ; mais ceux qui ont pris ou accepté la mission de diriger les forces morales et matérielles d'une ville, doivent, au moment du danger, envisager sans pâlir les éventualités les plus douloureuses, et donner à tous l'exemple de l'abnégation et du sacrifice.

Quelques notables chez qui dominait le culte des intérêts matériels, profitèrent des hésitations de la municipalité, et réussirent à l'entraîner dans des démarches regrettables ; ces notables dont nous tairons les noms, s'étaient rendus à l'Hôtel-de-Ville où affluaient déjà les habitants de Salins.

Une proposition tendant à demander de nouveau la reddition des forts, fut d'abord écartée comme n'ayant aucune chance de succès ; mais il fut résolu d'opérer, au moyen d'une pétition, une pression morale sur les commandants des forts, pour les amener à cesser les hostilités. Cette pétition, colportée de maison en maison, fut signée par un trop grand nombre d'habitants de Salins, à qui la municipalité présentait cette démarche comme l'unique moyen de salut.

« Monsieur le Commandant,

» Les habitants notables de la ville de Salins dont
» les noms suivent, vous exposent qu'ils déplorent
» la continuation des hostilités contre l'armée prus-
» sienne dans l'intérieur de la ville. Cette continua-
» tion pouvant entraîner la ruine de la dite ville. En
» conséquence, ils viennent vous demander de
» cesser des hostilités qui *paraissent inutiles* et qui
» peuvent compromettre la vie et la fortune des

» habitants, d'après les menaces de bombardement
» qui lui ont été faites.

» La position faite à la ville par sa capitulation
» d'hier ne lui permet plus de prendre aucune part
» à tout ce qui peut avoir trait à la résistance.

» Veuillez nous faire connaître vos intentions en
» nous accusant réception de la présente et nous la
» retourner.

» Dans l'attente d'une réponse que nous vous
» prions de nous faire immédiatement, veuillez
» agréer, monsieur le commandant, l'assurance de
» notre considération distinguée.

» Suivent *neuf* pages de signatures.»

Dans cette pièce étrange on voit encore apparaître
cette fausse idée que la ville avait capitulé, et l'idée
plus fausse encore qu'il lui était désormais interdit
de prendre part à la défense nationale.

Le commandant du fort St-André fit la réponse
suivante :

« Fort St-André, 28 janvier 1871.

» Monsieur le Maire,

» En réponse à votre lettre d'hier soir, 27 du cou-
» rant, *que j'ai l'honneur de vous retourner,* le con-
» seil de défense entendu, je décide qu'il ne sera

» par tiré un coup de feu sur la ville, mais que ses
» approches, pour le passage, seront défendues à
» outrance par les forts, pour empêcher les colon-
» nes prussiennes de se porter sur l'armée du gé-
» néral Bourbaki par Levier.

» J'écris au capitaine Brichard, commandant le
» fort Belin, de se conformer à ces instructions.

» Recevez, etc.

> *» Le Chef d'escadron d'artillerie, commandant*
> *» le fort St-André,*

» Signé : J. FOULEUX. »

XIV.

Le commandant du fort Belin flaira un piège prussien ; cette démarche était, en effet, trop dans l'intérêt de l'ennemi pour ne pas paraître suspecte. Il
craignit que l'ennemi, se prévalant d'une déclaration
faite à la légère, ne s'introduisit dans la ville à la faveur de la nuit et du brouillard, pour l'occuper, s'y
retrancher et la rançonner. Il adressa donc à la municipalité la lettre suivante, qui détruisait tout espoir :

2т*

« Fort Belin, 28 janvier 1871.

« Citoyens municipaux,

« Le chef d'escadron d'artillerie, commandant la
« Place, me communique une adresse déplorant la
« continuation des hostilités, laquelle adresse a été
« signée avec un *ensemble édifiant* par les notables
« de la ville de Salins.

« Je vous répète ce que je vous ai déjà dit au mo-
« ment où la sommation de capituler m'a été faite :
« Quand même les lois militaires ne m'imposeraient
« pas d'autre devoir qu'à vous, mon patriotisme et
« les intérêts de la défense nationale m'indiquent
« d'une manière fixe et certaine quelle règle de con-
« duite je dois tenir.

« Je suis parfaitement résolu à mitrailler toute
« colonne allemande qui se présentera tant aux
« approches de la ville que dans les endroits dé-
« couverts comme la place Aubarède et l'intervalle
« qui existe entre les deux faubourgs.

« Déjà dans la journée du 26, au moment où la
« municipalité arborait le hideux emblème de la ca-
« pitulation, j'ai dû faire violence à mes sentiments
« en m'abstenant de mitrailler la brigade prussienne
« qui, rangée sur la place de l'Hôtel-de-Ville, faisait
« retentir l'air de ses hourras et dont la musique

« jouait le chant allemand — *la Sentinelle au Rhin.*

« Je crois d'ailleurs que vous vous faites une
« fausse idée des lois militaires et des règles du
« droit des gens, en ce qui concerne Salins, ville
« ouverte, et les deux forts qui sont postes indépen-
« dants. Je connais ces lois et le général prussien
« a prouvé qu'il les connaissait en s'abstenant de
« tout dégât et de toute violence inutile et odieuse.

« L'ennemi a évacué la ville hier matin ; en con-
« servant le drapeau blanc sur l'Hôtel-de-Ville, vous
« avez l'air de continuer à fonctionner sous l'autorité
« prussienne. Je vous invite à arborer immédiate-
« ment le drapeau de la République française.

« Salut et fraternité.

« *Le capitaine d'artillerie, commandant le fort,*

« Signé : BRICHARD. »

Cette lettre aurait dû avertir la municipalité qu'elle
s'engageait dans une voie dangereuse, et lui faire
envisager la situation d'une manière moins impoli-
tique et plus conforme aux intérêts de la ville elle-
même. Mais les membres qui composaient cette municipalité, avaient sans doute perdu le sens moral ;
car, comment expliquer la résistance qu'ils oppo-
sèrent ensuite à la saisie des armes que le commandant du fort Belin faisait exécuter la loi à la main ?

Il fallut employer la violence pour s'emparer de deux canons et enfoncer les portes pour saisir des projectiles qui étaient menacés de tomber entre les mains de l'ennemi.

XV.

Les scènes tumultueuses de l'Hôtel-de-Ville et la propagation des pétitions avaient encore augmenté les inquiétudes de la population ; une panique qui pouvait avoir des conséquences douloureuses, s'ensuivit : un grand nombre d'habitants de Salins se dirigèrent vers les issues de la ville, emportant leurs effets les plus précieux. Les routes de Champagnole et de Levier étaient sillonnées par les fuyards, qui, grossissant encore le danger, racontaient que les Prussiens allaient bombarder la ville, et que *vingt pièces de canons étaient déjà arrivées à la gare ;* des femmes conduisaient leurs enfants par la main ; d'autres les emportaient dans leurs bras.

Au même moment, le 27, à 10 heures du matin, les sentinelles du fort Belin signalèrent une colonne d'environ 800 hommes qui descendait la route de Cernans, mais le brouillard empêchait de distinguer leur nationalité. Le commandant du fort savait qu'une division française, annoncée depuis la veille, se trouvait dans le voisinage ; cette colonne était-elle l'avant-garde de cette division ? Si cette colonne était ennemie, qu'elle était la signification de son mouvement ? Etait-elle rejetée sur Salins à la suite d'un combat qui aurait eu lieu du côté de Ville-neuve ? Dans tous les cas, elle était trop faible pour être dangereuse, et il n'y avait aucun inconvénient à rester dans l'expectative.

Ce ne fut qu'à proximité des faubourgs qu'on re-connut l'uniforme abhorré des bandes allemandes ; mais cette troupe rencontrait au même instant la cohue des fuyards de Salins qui se trouvèrent mé-langés dans ses rangs. Une décharge pouvait être fatale à des concitoyens.

Le commandant du fort Belin prit ses dispositions pour attaquer cette colonne sur la levée du Moulin-Français, mais en ménageant une décharge sur les toitures pour écarter les indiscrets. A l'entrée du faubourg, l'ennemi tourna brusquement à gauche, et prit la route de Champagnole, sur laquelle les fuyards se trouvaient encore en plus grand nombre.

L'homme expérimenté a moins pour but de tuer des hommes que d'obtenir l'effet désiré ; ici, le mouvement de l'ennemi ne pouvait modifier le ré-sultat final ; et la destruction de quelques étrangers ne pouvant être acquise que par un massacre de femmes et d'enfants, le fort Belin resta silencieux.

XVI.

La panique avait cessé ; les habitants de **Salins**, rassurés contre des représailles imaginaires, auxquelles d'ailleurs l'ennemi n'aurait pas eu le temps de se livrer, reprenaient leurs occupations habituelles.

Le 30 janvier, vers 11 heures du matin, deux cavaliers ennemis furent signalés arrêtés sur la route de Cernans ; l'un d'eux était officier ; l'autre portait le drapeau parlementaire et faisait entendre les sauvages accents de la trompette germanique. Le commandant du fort Belin fit, de son côté, sonner la marche pour autoriser ces cavaliers à continuer leur route ; mais, en même temps, se tenant en garde contre la duplicité prussienne, et ne voulant pas laisser l'ennemi traverser Salins à la faveur d'une ruse, il lança dans la ville une colonne de 15 hommes sous le commandement du maréchal-des-logis Max Claudet, pour capturer les deux cavaliers, au cas où leur mission serait reconnue mensongère ou contraire aux intérêts nationaux.

L'officier était le comte Puckler, chef d'escadron allemand ; conduit sur sa demande au fort St-André, il remit au commandant Fouleux la pièce suivante :

« Un armistice de 21 jours a été signé le 27, j'en
« ai reçu la nouvelle officielle ; en conséquence,
« faites cesser le feu, et informez l'ennemi, suivant
« les formes voulues à la guerre, que l'armistice
« existe et que vous êtes chargé de le porter à sa
« connaissance.

« Pontarlier, le 29 janvier 1871.

« *Le général en chef,*

« Signé : CLINCHAMP. »

Le résultat de la conférence fut la convention suivante qui prouve que les commandants des forts se tenaient sur leurs gardes :

« Le chef d'escadron, commandant supérieur des
« forts de Salins, considérant qu'au moment où l'ar-
« mistice a été connu des parties belligérantes, la
« ville de Salins n'était pas occupée par les troupes
« prussiennes, déclare qu'il s'opposera à l'entrée en
« ville de ces troupes, et qu'il ne cessera les hosti-
« lités qu'à la condition expresse que l'armée prus-
« sienne ne dépassera pas les avant-postes qu'elle
« occupait le 30 au matin. Il demande, en outre,
« à envoyer à Pontarlier un parlementaire français

« auprès du général Clinchamp, afin de connaître
« les conditions de l'armistice qui lui a été notifié
« aujourd'hui.

« M. le lieutenant Lebrun du 1er régiment de
« zouaves, accompagnera M. le colonel Puckler
« aux avantpostes prussiens, pour être de là en-
« voyé, comme parlementaire, à Pontarlier.

« Au fort St-André, le 30 janvier 1871.

« *Le chef d'escadron, commandant supérieur*
« *des forts,*

« Signé : J. FOULEUX.

« Signé en ma présence par M. le commandant des
« forts à St-André,

« Signé : LE COMTE PUCKLER.

« *Chef d'escadron au 5e régiment d'uhlans.* »

XVII.

Les précautions prises par les commandants des
forts furent justifiées par la lettre suivante rap-
portée de Pontarlier le 3 février.

« Quartier général prussien, Pontarlier 2 février
« 1871.

« Monsieur le commandant,

« D'après les ordres de Son Excellence M. le com-
« mandant en chef, je fais connaître, comme vous
« devez déjà le savoir, que les départements de la
« Côte-d'Or, du Jura et du Doubs sont expressément
« exclus de l'armistice conclu à Versailles.

« Cette circonstance ne doit cependant pas em-
« pêcher le commandant en chef de laisser les élec-
« tions s'accomplir librement dans la partie de la
« France occupée par lui.

« Si vous désiriez qu'un armistice fut étendu à la
» ville de Salins, vous auriez des propositions à faire
« à ce sujet ; dans lequel cas, il devrait être stipulé
« de laisser libre pour les deux parties, les commu-
« nications à travers la ville de Salins, sans que
« pour cela nous puissions avoir de notre côté pour
« prétention d'occuper, soit la ville elle-même, soit
« les forts.

« Si vous aviez à faire des propositions de ce
« genre, vous voudriez bien envoyer un de vos offi-
« ciers avec pleins pouvoirs au quartier général.

« Avec la considération la plus distinguée.

« Signature illisible.

» Colonel et chef d'Etat-major de l'armée allemande
« de l'Est.

Cette lettre fut transmise au commandant du fort Belin, qui écrivit au commandant du fort St-André :

Fort Belin, 4 février 1871.

« Mon commandant,

« En réponse à votre dépêche, j'ai l'honneur de « vous donner mon avis au sujet de la position dans « laquelle nous nous trouvons.

« 1° Il y aurait des inconvénients graves à envoyer « de nouveau des parlementaires au quartier géné- « ral prussien ; ce serait manifester une inquiétude « et une hésitation qu'en réalité nous n'éprouvons « pas. Il vaut donc mieux attendre les événements.

« 2° Il y aurait lieu de décliner toute ouverture « concernant un armistice séparé pour la ville de « Salins. Nous devons hautement nous en tenir à « l'armistice général, et, si ces conditions nous sont « refusées, nous devons continuer à combattre. Je « crois que cette exception de trois départements « dans l'armistice conclu entre les deux nations, « n'est autre chose qu'une fourberie du général « prussien, qui voudrait bien avoir le passage de « Salins pour la facilité de ses mouvements.

« Ayant été exclus de l'armistice, nous agirons en
« belligérants jusqu'à ce qu'il plaise à ces messieurs
« de laisser parvenir jusqu'à nous la notification de
« ce qui aura été décidé en haut lieu.

Vous reconnaîtrez, mon commandant, que ces dé-
« terminations sont les mêmes que celles que vous
« exposez dans votre dépêche.

» Veuillez bien agréer, etc.

« *Le capitaine commandant le fort Belin,*

« Signé : BRICHARD. »

XVIII.

On a critiqué l'accusation de fourberie contenue
dans cette lettre, reprochant ainsi au commandant
du fort Belin de n'avoir eu qu'une médiocre con-
fiance dans les affirmations prussiennes. La fourberie était manifeste le 30 janvier, elle pouvait se re-
nouveler encore ; d'ailleurs en guerre toutes les
nouvelles transmises par l'ennemi doivent paraître
suspectes. C'est pour avoir méconnu ce principe
que le général en chef de l'armée de l'Est est
tombé dans un piége.

Ecoutez les accents de douleur d'un général dont la bonne foi a été surprise :

ORDRE DU JOUR.

« Soldats de l'armée de l'Est,

« Il y a peu d'heures encore, j'avais l'espoir, j'a-
« vais même la certitude de vous conserver à la
« défense nationale. Notre passage jusqu'à Lyon
« était assuré à travers les montagnes du Jura.

« Une fatale erreur nous a fait une situation dont
« je ne veux pas vous laisser ignorer la gravité.

« Tandis que notre croyance en l'armistice qui
« nous avait été notifié et confirmé à plusieurs re-
« prises par notre gouvernement nous commandait
« l'immobilité, les colonnes ennemies continuaient
« leur marche, s'emparaient de défilés, déjà entre
« nos mains, et coupaient ainsi nos lignes de re-
« traite.

« Il est trop tard aujourd'hui pour accomplir
« l'œuvre interrompue : nous sommes entourés par
« des forces supérieures, mais je ne veux livrer à la
« Prusse ni un homme ni un canon.

« Nous irons demander à la neutralité suisse
« l'abri de son pavillon, mais je compte dans cette

« retraite vers la frontière sur un effort suprême de
« votre part. Défendons pied à pied les derniers
« échelons de nos montagnes, protégeons le défilé
« de notre artillerie et ne nous retirons sur un sol
« hospitalier qu'après avoir sauvé notre matériel,
« nos munitions et nos canons.

« Soldats, je compte sur votre énergie et votre
« ténacité : il faut que la patrie sache bien que nous
« avons tous fait notre devoir jusqu'au bout, et que
« nous ne déposons les armes que devant la fatalité.

« CLINCHAMP.

« Pontarlier, 31 janvier 1871. »

Si nous donnons, dans toute son étendue ce do-
cument qui porte en lui ses enseignements, c'est
pour y signaler une énorme faute d'appréciation :
non, les notifications du gouvernement au sujet de
l'armistice, toutes réitérées qu'elles étaient, *ne
commandaient pas l'immobilité :* le général avait
toujours le droit de se mouvoir avec son armée,
dans toute la partie de la France non occupée par
l'ennemi ; comme celui-ci pouvait faire tous les
mouvements qu'il lui plaisait dans la partie du terri-
toire qu'il occupait !

XIX.

« Général de Verder. — Dole.

« Armistice étendu à l'armée du Sud et reddition
« de Belfort ont été stipulés à Versailles.

« Des stipulations plus précises suivront.

« Invitation à ordonner immédiatement la cessa-
« tion de toute hostilité. Le général Treskow est
« prévenu directement.

« Signé : Comte WARTENSLEBEN. »

Il fut répondu immédiatement :

« Le commandant des forts de Salins a l'honneur
« d'accuser réception du télégramme du comte
« Wartensleben, relatif à l'extension de l'armistice
« à l'armée du Sud ; télégramme qui lui a été com-
« muniqué le 15 février par M. le major Held du
« 4ᵉ régiment d'infanterie. Il respectera cet armis-
« tice tant que les troupes prussiennes ne dépasse-
« ront pas leurs avant-postes, placés en dehors de
« la portée du canon des forts.

« *Le Commandant supérieur des forts de Salins,*

« Signé : J. FOULEUX. »

Par conventions ultérieures, les forts obtinrent une zône de 3 kilomètres pour leurs mouvements propres ; et au-delà une zône neutre également de trois kilomètres.

Salins, compris dans ce rayon et placé sous le canon des forts, n'a pas été occupé par l'ennemi.

Salins, janvier 1872.

J. BRICHARD.

Salins, Typ. Billet.

www.ingramcontent.com/pod-product-compliance
Lightning Source LLC
Chambersburg PA
CBHW061327060726
47596CB00003B/1114